au clavier
émilie diaz

À son arrivée à Paris, Émilie aimait tellement le métro qu'elle a testé toutes les lignes, juste pour voir jusqu'où elles allaient. Le moindre air d'accordéon la transportait dans un film des années 30, le moindre sourire échangé entre deux portes était la preuve d'une humanité tendre et palpitante. Puis, de phase en phase, elle s'est lassée, allant même jusqu'à détester son ancien objet d'amour.

Si elle devait choisir un super-transport, ce serait la téléportation.

à la palette
vincent boudgourd

Né à Nantes en 1970, Vincent est dessinateur depuis toujours, il n'a jamais arrêté. Autant pour le plaisir que pour gagner son bifteck (dont il ne peut se passer, d'ailleurs) et avoir du temps pour voyager, surfer, rêver, « shaper » des planches, dessiner, surfer, rêver – son rêve, il lui faudrait toute une vie pour en parler ! Il aime tout ce qui fait briller les yeux.

Entre faire des courses de gouttes de pluie sur les vitres du bus et des petits dodos dans le métro, Vincent aime se laisser transporter jusqu'aux terminus.

TRANSPORTS EN COMMUN

le carnet défouloir

milan et demi

BUS
BUS

À l'ère du tout virtuel où chacun se replie sur son petit territoire, il existe un dernier bastion sauvage qui fleure bon la chaleur humaine, les vrais contacts et le corps à corps. Un monde qui obéit à ses propres codes, avec ses règles tacites et sa loi du silence.

Bienvenue de l'autre côté de la force, dans le vaste monde des transports en commun.

Phase 1

#kiffe kiffe métro

Syndrome :
Amélie Poulain

L'avis du psy :
Usager en plein déni de la réalité. Incapable d'affronter le monde tel qu'il est, il le sublime, voire le cristallise.

Les 10 commandements de l'usager

1
Tout contact visuel,
tu éviteras.

2
Les gens sortir des wagons,
tu laisseras.

3
Ton amour pour la diversité
du genre humain,
tu cultiveras.

4
Du déodorant, tu mettras.

5
Sur la barre,
tu ne t'appuieras pas.

6
Ta place aux éclopés,
tu céderas.

7
Calme et dignité,
tu garderas.

8
En bagages
ou poussettes,
tu ne te chargeras pas.

9
Ton humour,
tu ne perdras pas.

10
Jamais, tu ne râleras.*

*Sachant que ce dernier commandement est absolument impossible à respecter, essayez au moins de respecter les autres...

Le kit de l'usager

Dans les transports, chacun a sa panoplie, ses rituels, ses petites habitudes. Si vous ne deviez garder qu'un accessoire, quel serait-il ? Entourez-le.

un ticket, bien sûr

un bon vieux bouquin

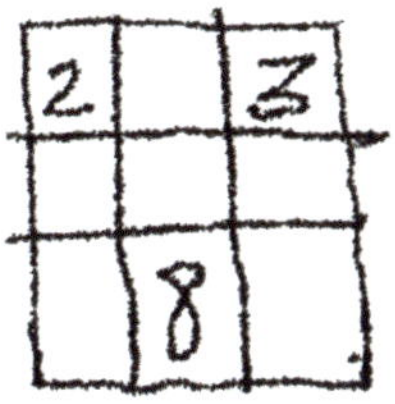

un jeu

du gel antibactérien

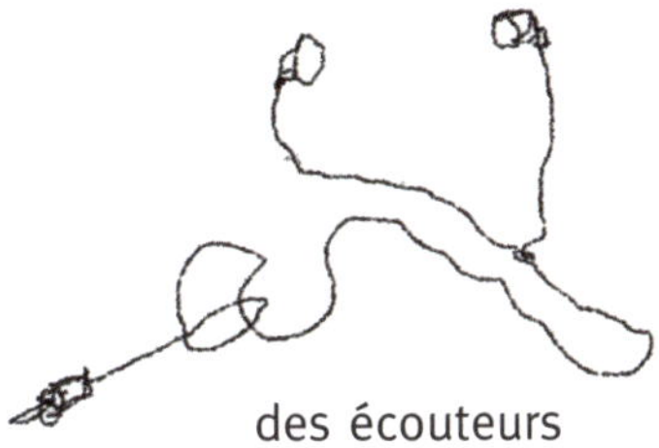

des écouteurs

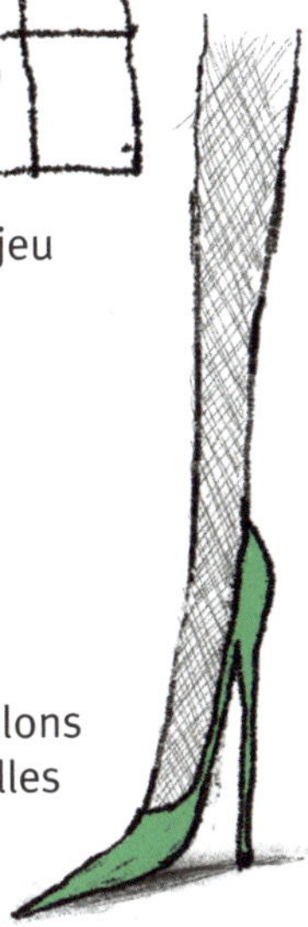

des talons aiguilles

un smartphone, surtout

du sucre en cas d'hypoglycémie

un micro pour mettre l'ambiance

une bouteille d'eau

un gros sandwich qui pue

du maquillage

toujours le sourire aux lèvres

↓ 1 Wanted

Ils sont partout et vous les croisez tous les jours.
C'est dommage, vous les connaissez à peine.
Et si vous faisiez connaissance ?

LE COMMUNIQUANT

Musique, discussion, blagues... il vous fait tout partager. Sentiment de supériorité aigu, petit pénis (les statistiques le prouvent), il pratique le *show transport*. D'ailleurs, dès qu'il en sort, il la ferme...

Aime : parler fort.

LE PERVERS (pas si pépère)

Plutôt masculin, quoique... Sourire en coin, main baladeuse, œil qui frise, il cherche le contact, physique, visuel, tout ce que vous serez prêt à lui accorder, même plus.

Aime : jouer à touche-pipi. Méfiez-vous.

LE TOURISTE

Souvent gai ou étonné, on l'identifie à la façon qu'il a d'observer ce qui l'entoure. Ayant toujours l'air d'être au spectacle, il est le seul à s'amuser de la foule, de la promiscuité.

Accessoires : carte XXL dépliée en main, valises imposantes ou sacs à dos.

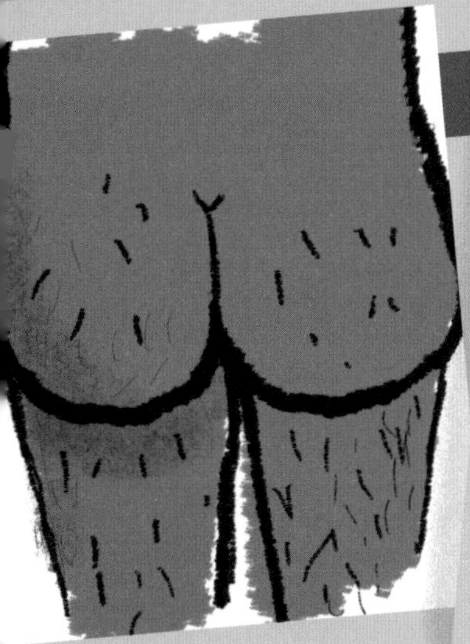

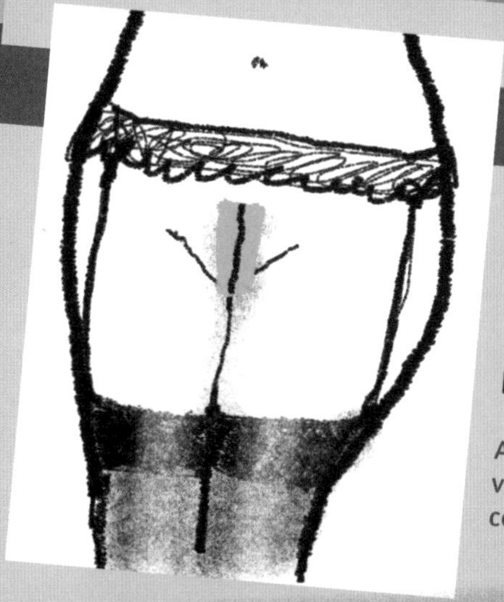

LE COUPLE EXHIB'

Il a vécu une période d'abstinence insupportable. Ces gens, le plus souvent hétérosexuels, sont à deux doigts de se reproduire, là, devant la foule ébahie.

Aime : partager ses émois visqueux et sonores à deux centimètres de vous.

LE GANGSTA

Même pour prendre le tramway entre Triffouillis-les-Bains et Mont-les-Roses, il sort la capuche, adopte la dégaine de Joey Starr et écoute du gros son.

Caractéristique : promène son ghetto-blaster tout au long de son parcours pour faire partager ses goûts musicaux.

LE MANIAQUE

Il évite tout contact avec le matériel urbain. N'ouvre jamais les portes pour ne pas être contaminé. Porte des gants. On vous entend déjà ricaner… Ne vous moquez pas ! Et vous, vous vous êtes bien lavé les mains ?

Accessoire : ne sort jamais sans son gel antibactérien.

Le moment de vérité

Que celui qui n'a jamais fait ça, bouffe son ticket de bus !
Pensées secrètes, actes mesquins, c'est le moment d'avouer et de cocher.
Oui, il vous est déjà arrivé de :

- Vous demander si la petite vieille qui vient d'entrer a vraiment besoin d'une place assise.
- Évaluer le tour de taille d'une femme pour réussir à savoir si elle est enceinte… ou pas.
- Trouver quelqu'un agaçant et le dévisager en poussant un long soupir d'exaspération.
- Manger un sandwich dégoulinant de mayonnaise et vous réjouir de la tête dégoûtée de votre voisin de strapontin.
- Vous faire une play-list spéciale transport (sachant que vous ne la ferez jamais écouter à personne).

- Vous dire qu'un aveugle, techniquement, ça peut bien rester debout.
- Rentrer au forcing dans votre carrosse blindé, comme un pilier droit de l'US rugby de Carcassonne.
- Savourer immobile la foule qui piaffe derrière vous, alors que vous tenez votre gauche sur un escalator.
- Entrer dans un bus avec une poussette, un sac à dos, une plante verte et un cabas de courses.
- Faire semblant de dormir quand un clochard passe demander de l'argent.
- Profiter d'un trajet ennuyeux pour choisir votre sonnerie de téléphone au plus grand plaisir de vos voisins.
- Suivre la discussion à côté de vous.
- Lire par-dessus l'épaule de votre voisin et lui lancer un regard noir genre « t'as un problème ? » quand il vous surprend.
- Monter le son de votre musique pour ne pas entendre l'accordéon des musiciens qui viennent de grimper dans la rame.
- Dire « Je passe dans un tunnel, ça va couper... » alors que vous vouliez juste en finir avec cette discussion téléphonique interminable.
- Arriver en retard au boulot en mettant tout sur le dos d'un colis suspect dans les transports, alors que vous avez juste eu une panne de réveil.
- Autre acte inavouable :

Au cœur de la constellation intergalactique des transports, découvrez votre horoscope solaire, sous les néons, exactement.

MÉTROROSCOPE

Bélier
La période est plutôt propice aux contacts. Profitez-en.

Balance
Vous affirmez vos idées et vos convictions. Foncez dans le tas !

Scorpion
Votre énergie est énervante. Marchez.

Gémeaux
Calme, bus et volupté.

Cancer
Défendez votre espace vital.

Lion
1 contrôleur rencontré, 10 évités!

Verseau
Ne laissez pas partir le bus de la vie sans vous !

Poissons
Criez votre amour pour les gens, votre cœur déborde.

Taureau
Tenez la barre et ne la lâchez pas.

Capricorne
Empruntez les chemins de traverse.

Sagittaire
Vous prenez le train comme il vient et ça vous va bien.

Vierge
C'est bien, vous gardez la ligne.

« Tu me plais, tu sais…
avec toi, c'est comme si j'étais à Paris…
avec toi, je m'évade, tu saisis ?
Tu me changes de paysage.
Tiens, tout à l'heure, je faisais
semblant de dormir […]
je me laissais glisser…
Ben, sais-tu ce que j'entendais ?
Le métro !
Tu te rends compte ? Le métro !
T'as des bijoux, t'es toute en soie,
t'es pleine d'or et
tu me fais penser au métro,
à des cornets de frites
et à des cafés crème à la terrasse. »

Jean Gabin
dans *Pépé le Moko*

↓ 2 C'est toi, la migration !

Il existe un jargon secret appliqué aux transports. Voici quelques termes à retenir, histoire de ne pas mourir écrasé sous un tram…

La migration pendulaire

aka migration alternante

Rien à voir avec un vol d'oies sauvages. On parle de vous. Et de votre chemin de croix quotidien. Chaque jour qui passe et vous sort de votre nid douillet pour vous emporter dans le tourbillon de la vie est associé aux doux mots de « migration pendulaire ».

L'aire d'influence

C'est un peu le profil Tinder d'une ville. L'aire d'influence attire et émet un flux de gens.

La temporalité périurbaine

Pensez à votre RER de 7 h 42 qui est blindé. La faute à qui ? À la temporalité périurbaine.

L'espace périurbain

souvent décliné au pluriel

Désigne, en gros, tout ce qui relie les villes entre elles. Les initiés disent : le périurb'.

La conurbation

Une équation simple à plusieurs inconnues : 1 périmètre limité x (1 ville + 1 ville + 1 ville + 1 ville + l'infini) = la conurbation.

L'effet tunnel

Vous habitez dans une petite ou moyenne ville ? Vous en subissez les conséquences. Rien à voir avec un alibi pour raccrocher au nez de quelqu'un.

Les espaces interstitiels

Pas de chance, vous y habitez !

L'engorgement
Quand le trafic est trop gourmand, ça sature.

La nébuleuse urbaine
Imaginez une multitude de nébuleuses dans le ciel. Tout pareil, en plus bruyant.

PDU
Non, ce n'est pas une insulte, mais le plan de déplacements urbains.

Zonage/dézonage
Ça, ça vous parle déjà plus : je zone, tu dézones, il dézone...

Bus en voie propre
C'est juste un bus, gus!

Haut le pied (HLP)
Quand le conducteur a fini sa journée et qu'il lève le pied pour rentrer au dépôt.

NOMS D'OISEAUX

Vous les connaissez si bien.
Retrouvez quelle ville a la chance
d'héberger chacune de ces stations.

Frères Moine	Toulouse
Gorge-de-Loup	Le Havre
LA VACHE	Lyon
FRILEUSE	Rennes

Réponses : Frères Moine à Rennes, Gorge-de-Loup à Lyon, La Vache à Toulouse, Frileuse au Havre.

50 nuances d'eyes-contacts

Vous avez déjà dérogé au premier commandement. Lisez dans le regard de ces co-passagers le message qu'ils essaient de vous faire passer et retrouvez les expressions liées à la bonne émotion.

« Je te hais. » • « C'est moi ou on se traîne ? » • « Oui, je suis *open*... » • encéphalogramme plat • « Vite, une dose, steuplé. » • « Eh, copain ? » • « Je veux être ailleurs. » • « *Help*. » •

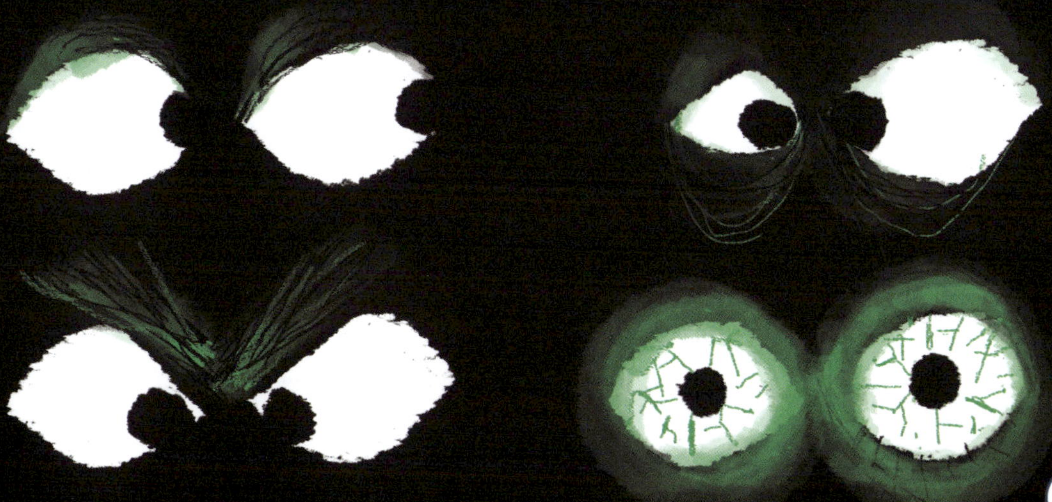

Happiness thérapie

Votre trajet se fait sur un air d'accordéon et vous savourez l'instant présent. De petit bonheur en petit bonheur, parfois, c'est le jackpot !

Évaluez de 1 à 10
ces petits kifs du quotidien.

Vous arrivez à votre station, ou sur le quai, en même temps que votre fidèle destrier !

1 2 3 4 5 6 7 8 9 10

Vous croisez quelqu'un qui lit votre livre préféré !

1 2 3 4 5 6 7 8 9 10

Le soir venu, vous constatez avec un plaisir ému que vous n'avez subi ni colis suspect, ni incident voyageur, que vous n'êtes pas resté bloqué sur la voie en attendant une régulation du trafic. Les dieux des transports sont avec vous ! Amen !

1 2 3 4 5 6 7 8 9 10

Par distraction, vous oubliez le premier commandement et vous croisez le regard de l'un de vos compagnons de galère. Et là, le miracle se produit, vous échangez un sourire.

1 2 3 4 5 6 7 8 9 10

Vous apercevez, las, dans votre morne migration pendulaire, quelqu'un que vous aviez perdu de vue et que vous aimez bien. Vous êtes juste content !

1 2 3 4 5 6 7 8 9 10

Vous écoutez une discussion qui vous fait marrer.

1 2 3 4 5 6 7 8 9 10

Prends un Kiss Cool

Des copains qui vivent loin des espaces interstitiels, donc plutôt habitués à se déplacer en voiture, débarquent dans votre ville. L'air de rien, vous voulez leur en mettre plein la vue avec votre *cool attitude* face aux transports. Vous gérez comment ?

Choisissez votre idole ci-dessous et découvrez, au bout de sa ligne, votre maxime.

Vous vous sentez plutôt l'âme de :

Morpheus
dans *Matrix* ?
Prenez la ligne M

The Dude
dans *The Big Lebowski* ?
Prenez la ligne D

The Wolf
dans *Pulp Fiction* ?
Prenez la ligne W

NKM
dans *Vis ma vie sur la ligne 13* ?
Prenez la ligne N

Avant de les amener visiter cette expo dans ce musée où vous ne mettez jamais les pieds, vous avez fait un repérage « transports » quelques jours plus tôt.

Vous ne regardez jamais les plans, c'est bon pour les touristes.

Une bagarre éclate devant vous. Vous intervenez aussitôt en fonçant dans le tas.

Vous préférez passer une heure de plus dans les transports que de revenir en arrière et leur avouer que vous vous êtes planté de correspondance.

Vous n'avez pas de ticket sur vous, alors vous sautez le portique et vous leur dites de faire pareil.

Vous distribuez des tickets à vos amis. Quand ils veulent vous rembourser, vous dites : « Oh, non, c'est bon. C'est que 4 € et quelques. »

Vous parlez à tous les clochards que vous croisez en expliquant à vos potes qu'il faut aller à leur rencontre.

À cause d'un incident technique, vous vous retrouvez bloqués dans le métro entre deux stations. Vous prenez les choses en main et aidez tout le monde à sortir pour regagner le prochain quai.

« Il y a une différence entre connaître le chemin et arpenter le chemin. »

En fait, vous aviez préparé tous vos parcours, mais c'était pour la bonne cause.

« C'est à une demi-heure d'ici. J'y suis dans 10 minutes. »

Vous en faites un peu trop. Ça risque de mal finir.

Vos copains, impressionnés et amusés, prennent des photos. Vous vous laissez immortaliser en toute décontraction. Vous aviez justement mis votre blouson en cuir, qui vous donne un côté rock.

Vous prenez des lignes dont vous ne soupçonniez même pas l'existence. Mais vous faites l'habitué. C'est qui, le taulier!

« Le métro est un lieu de charme, à la fois anonyme et familier. C'est parfois pénible, mais il y a des moments de grâce. »

Il a dû y avoir un malentendu, on ne peut rien pour vous...

Vous leur expliquez que marcher, c'est mieux.

Vous vous retrouvez bloqués avec votre crew qui s'impatiente. Vous vous marrez : ils râlent.

« Ahh fuck it, let's go bowling. »

Ok, ce n'est pas une posture. Vous êtes vraiment cool!

↓ 3 The World Wide Transport

Histoire de vous booster en vous rappelant que, partout dans le monde, des millions de voyageurs se heurtent aux mêmes joies et désespoirs que vous, voici notre rubrique planétaire des chats écrasés.

DAILY METRO

JAH ITALIA

À Rome, des carabiniers ont découvert une plantation de cannabis de la taille d'un terrain de football dans un tunnel désaffecté du métro. Saluons l'initiative de la mairie, soucieuse d'aider ses usagers à voyager en paix. *Peace, man…*

« JE SUIS CHARGÉE »

À Londres, les femmes enceintes portent un badge « *Baby On Board* » donné par la société des transports afin qu'on leur cède une place assise. Soucieux de l'égalité des sexes et de la discrimination sur l'âge, on demande des badges « Spermatozoïdes en transit », « Ovocyte fatigué », « Pré-ménopause », « Hypoglycémique chronique »...

CŒUR BRISÉ

Au Japon, après une séparation douloureuse sur le quai d'un métro, un homme a décidé de s'y installer, espérant recroiser celle qui venait de lui briser le cœur. Il est resté au même endroit pendant plusieurs années sans jamais revoir sa belle. Moralité : on peut réussir à ne jamais recroiser son ex dans le métro et c'est plutôt une bonne nouvelle.

DERNIER COVOITURAGE

À Douala, la pénurie de bus fait le bonheur des conducteurs de corbillards. Aux heures de pointe, certains employés des pompes funèbres jouent les taxis. À bord, l'ambiance est étrangement gaie.

DAILY METRO

DERRIÈRE VOUS !

À New York, dans les années 70, circuler en métro la nuit pouvait tourner au film d'horreur. Musique crispante et tueur fou embusqué au détour d'un couloir sombre. Une association ultra-secrète, les Guardian Angels, a été créée pour accompagner les voyageurs en toute sécurité.

COULOIR TREMPLIN

Joshua Bell, l'un des plus grands violonistes au monde, a joué dans le métro de Washington. Bilan : 32 dollars et 7 personnes seulement qui se sont arrêtées pour l'écouter. Ouvrez vos yeux et vos oreilles, la beauté est partout.

LAMA-NAPPING

À Bordeaux, l'équipée sauvage en tramway de Serge le lama, kidnappé à l'aube par une bande de gais lurons, a été relayée au quatre coins du monde.

BIO, C'EST BON !

À Bristol, un bus particulier circule sur la ligne 2 de la ville. Le carburant est issu du recyclage des matières fécales de seulement cinq personnes. Totalement inodore, cette technologie moderne ouvre des perspectives immenses à l'échelle planétaire. On a trouvé un slogan : un petit caca et ça repart !

Ma vie de contrôleur

Observez cette scène et mettez-vous dans la peau d'un « agent régulateur de circulation et de civilité » quelques minutes. Repérez les points d'intervention nécessaires, où les règles de « vie du bus » sont enfreintes par les usagers. Compatissez.

Un tramway nommé désir

Vu le temps que vous passez dans les transports, il faudrait penser à le rentabiliser. Les jeux de l'amour et du hasard, ça se passe aussi là, maintenant, depuis toujours. Déclarez votre flamme avec ces mots doux à détacher et à laisser à qui vous voulez !

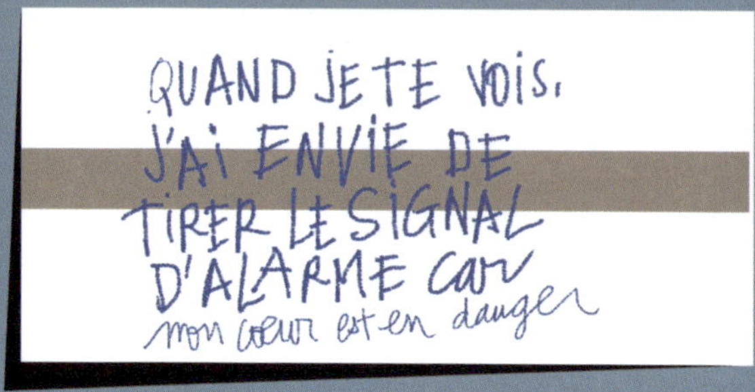

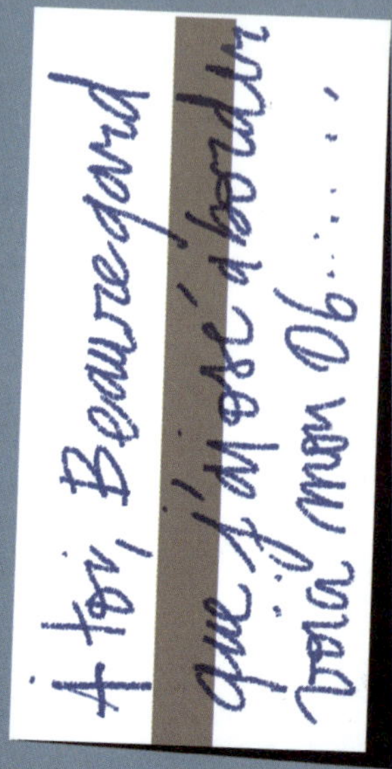

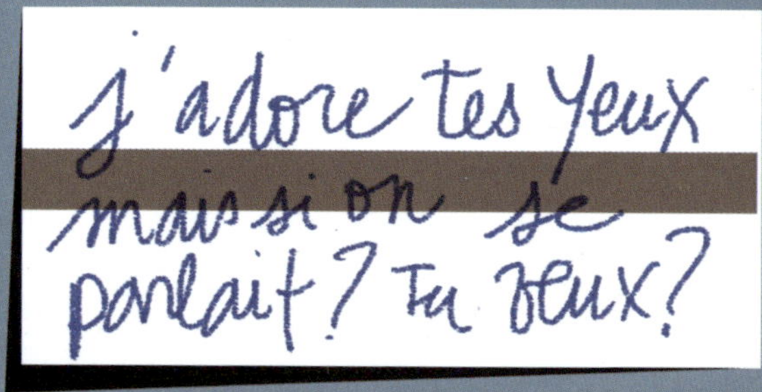

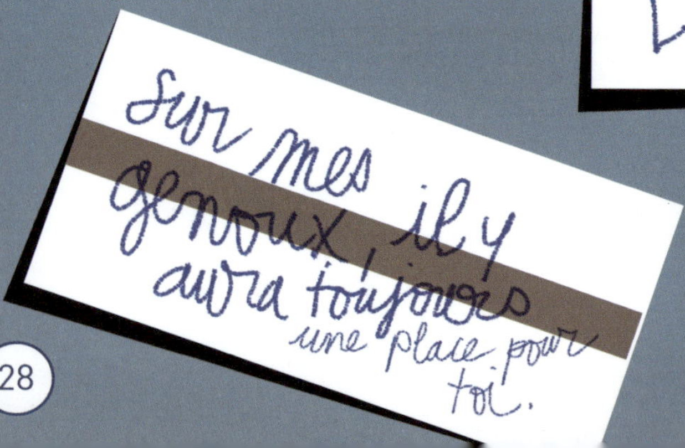

QUAND JE TE VOIS,
J'AI ENVIE DE
TIRER LE SIGNAL
D'ALARME car
mon cœur est en danger

À toi, Beauregard
que j'ai osé aborder
voici mon 06……

j'adore tes yeux
mais si on se
parlait ? Tu veux ?

FAISONS
L'AMOUR
pas la gueule

Sur mes genoux, il y
aura toujours
une place pour
toi.

La nuit, tous les rats sont gris, et vous aussi… Quand *Le Dernier Métro* rencontre *Very Bad Trip*, votre approche spatio-temporelle et relationnelle est légèrement altérée et vos réflexes sont plus lents. Attention, ce n'est pas le moment de vous relâcher. Dernier transport raté ou attrapé de justesse, vous êtes sur le retour, objectif : maison.

Établissez votre propre échelle de danger : de 1 à 10, qu'est-ce qui est le pire ?

- ◯ Vouloir lancer un flash-mob surprise : vous serez seul à gesticuler comme un con sur le quai.
- ◯ Vomir dans une poubelle.
- ◯ Vomir sur votre voisin.
- ◯ Se tromper de carrosse et partir dans le mauvais sens pour se retrouver coincé à des kilomètres de chez vous.
- ◯ S'endormir sur un quai et se réveiller le lendemain au même endroit, dépouillé.
- ◯ Embrasser n'importe qui (vraiment n'importe qui), vous avez l'alcool sentimental.
- ◯ Être d'humeur sociable : partager des bières avec des supporters de foot.
- ◯ Et se retrouver au poste pour attentat à la pudeur.
- ◯ Hésiter entre un taxi et un Uber, trouver les deux et essayer de décider qui, vraiment, est le mieux des deux.
- ◯ Rentrer en Vélib' et vous retrouver sur le périph'.

Phase 2

#métro-boulot-dodo

Syndrome :
Le Poinçonneur des Lilas

L'avis du psy :
Souffrance latente, tendance à l'évitement, réveil des mécanismes de défense.

METROPOLITAIN

Pause culture

Au fait, qui a écrit :

« Au déboulé garçon pointe ton numéro
Pour gagner ainsi le salaire
D'un morne jour utilitaire
Métro, boulot, bistro,
mégots, dodo, zéro. » ?

Réponse : C'est Pierre Béarn, un poète libertaire, dans un recueil de poésie intitulé *Couleurs d'usine*.

Chacun son badge, chacun son chemin

Vous n'êtes pas passé à côté de la mode : porter un badge, c'est bien. Découpez celui de votre choix et arborez-le fièrement.

J'AI
des
Poux

JE FAIS
UNE
COUVADE

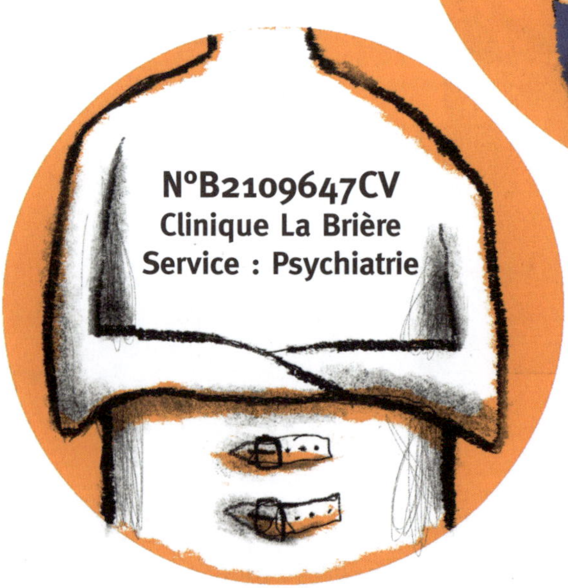
N°B2109647CV
Clinique La Brière
Service : Psychiatrie

Usual suspect

La routine s'installe, vous commencez à être blasé. Parfois, vous allez voir ailleurs : vélo, scooter des copains, rollers, trottinette, skate, vous avez même essayé le segway… Mais vous êtes coincé et bien obligé de repasser par la case « transports en commun ». Au lieu de râler, trouvez un copain de rame. Et si vous aviez l'âme d'un *profiler* ?

Repérez, en silence et chacun de votre côté, une personne alentour.
À la façon d'un « Qui est-ce ? », l'autre doit réussir à trouver de qui il s'agit en posant des questions sur son physique. On ne répond que par « oui » ou « non ».
À chaque réponse positive, dessinez et ajoutez l'élément à votre portrait-robot.

↓ 4 Surfin' subway

Pour votre entraînement au surf : bus, métro et tramway offrent des sites exceptionnels adaptés à votre niveau. Avant de vous jeter à l'eau, faites un point météo sur votre ligne : vitesse, foule, perturbations éventuelles...

Les 6 bons gestes pour éviter de se tenir à la barre (et d'attraper la lèpre) !

1. Fixez un point pour garder l'équilibre.
2. Gardez les bras le long du corps et équilibrez en douceur.
3. Contractez bien les abdos (tout est là).
4. Serrez les fesses.
5. Pliez légèrement les jambes mais galbez bien les mollets.
6. Crispez les orteils.

« À tous les zombies dans leur cercueil-mobile, nous montrerons que l'esprit humain est vivant ! »

Point Break

NOS CONSEILS MALINS

- Respectez les règles de priorité et de convivialité.
- Évitez les collisions.
- Ne paniquez pas si vous êtes pris par un courant, laissez-vous porter.
- Choisissez des spots peu fréquentés.
- Ne sortez jamais par temps de grève.

Tou ti-tu-tu ti-tou-tou

Pas question d'en laisser sur le quai ! Combien de bonshommes ferez-vous tenir dans ce conteneur sachant, bien évidemment, que vous pouvez les décapiter, les tronçonner, etc. ?

Réponse : 12

En venir aux mains

Toutes les places assises sont occupées, mais il reste la barre, second objet de toutes les convoitises. Et on comprend : s'y accrocher, c'est la garantie d'un voyage debout mais stable.

Retrouvez le propriétaire de chaque main.

LE BANQUIER
LE HIPSTER
LA LAP DANSEUSE
LE PÈRE NOËL
LE JOGGEUR DU DIMANCHE
LA MANUCURÉE

À la recherche du TEMPS PERDU

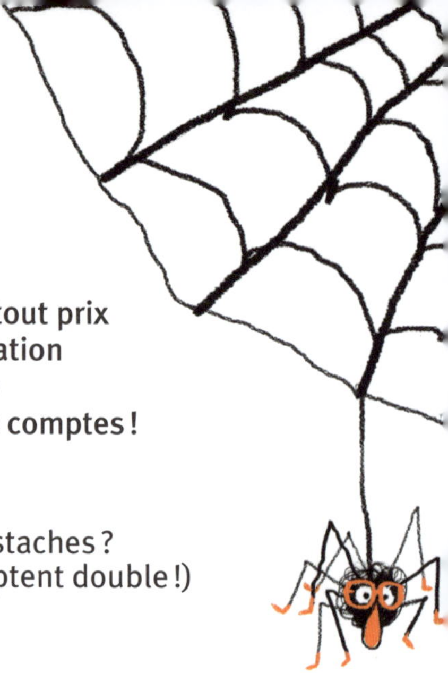

Pour ne pas vous laisser périr d'ennui, vous devez à tout prix garder votre cerveau en éveil. Observation, concentration et socialisation sont les maîtres mots de votre survie psychologique. Regardez autour de vous et tenez les comptes !

Combien de moustaches ?
(les femmes comptent double !)

Combien de barbes ?

Combien d'araignées ?

Combien de casques ?
Combien d'oreillettes ?

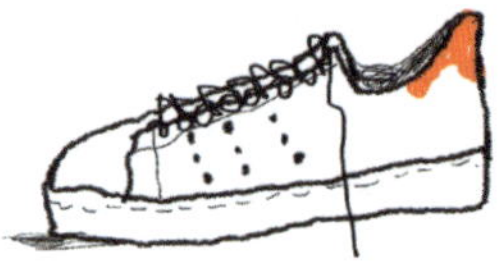

Combien de Stan Smith blanches ?

Combien de rats ?

Combien de lunettes de soleil ?

Combien de sourires ?
Rendez-les !

Combien d'alligators ?

Un peu de calcul

Vous voilà le teint terne et l'œil de poisson mort. Réagissez ! Voici un exercice facile, qui vous sauvera de la léthargie ambiante et vous donnera un petit coup de fouet.

Notez ici combien de temps, en minutes,
vous passez en moyenne chaque jour
dans les transports : …… minutes

Multipliez ce nombre par 5
(allez, on est sympa,
on vous fait cadeau du week-end). X 5
Vous obtenez : …… minutes
C'est votre quota hebdomadaire.

Puis multipliez votre quota hebdomadaire par 4,
pour obtenir votre durée mensuelle : X 4
…… minutes

Multipliez à nouveau par 12,
vous découvrez alors votre chiffre annuel : X 12
…… minutes

Divisez par 60.
Vous connaissez ainsi le nombre d'heures
que vous passez par an dans les transports en commun. /60
…… heures

Vous êtes maso ? Vous voulez l'équivalence
en nombre de jours ? Divisez par 24. /24
…… jours

On vous aura prévenu !

La prise de conscience :

« Chaque année, je passe …… jours de ma vie dans ce p… de … de t…. »
Répétez-le, assumez-le. Vous avez repris des couleurs !
L'important, c'est de rester conscient.

Mind the gap

Vous ne faites même plus attention à ces petites ritournelles quotidiennes, alors que ce serait pourtant l'occasion d'apprendre quelques mots en japonais !

Reliez le bon drapeau à sa langue et ajoutez votre propre patois à la tour de Babel.

- Wesh Gros, gaffe à la chemar'.
- מ תושעהל ידי לע דעצה חומ
- Bitte achten Sie auf die Lücke zwischen Zug und Bahnsteigkante.
- REST PA KBLO KAN TU DÉCEN
- Attention à la marche en descendant du train...
- TAVÉ KAPA TOMBÉ
- Esprit l'écart.
- Ashimoto ni go-chûi kudasai.
- Atenție jos din tren.
- Mind the gap.
- Votre drapeau : ____________

Le cabinet de curiosités

Vous avez perdu quelque chose ? Sachez que vous pourrez toujours aller le réclamer (ou pas), au bureau des objets trouvés*. Il est néanmoins possible que votre précieux bien ait subi quelques transformations au cours de ces pérégrinations.

À vous de les repérer : trouvez les 10 erreurs qui se sont glissées d'une image à l'autre.

*Toute ressemblance avec des faits réels n'est absolument pas fortuite.

Action Réaction

Une voix virtuelle annonce tranquillement que des pickpockets sont en action dans votre rame. « Faites attention à vos affaires personnelles. » Identifiez, parmi ces individus, celui qui ne vole rien et coloriez-le de vos plus beaux pastels. (Profitez-en pour faire les poches de vos voisins japonais.)

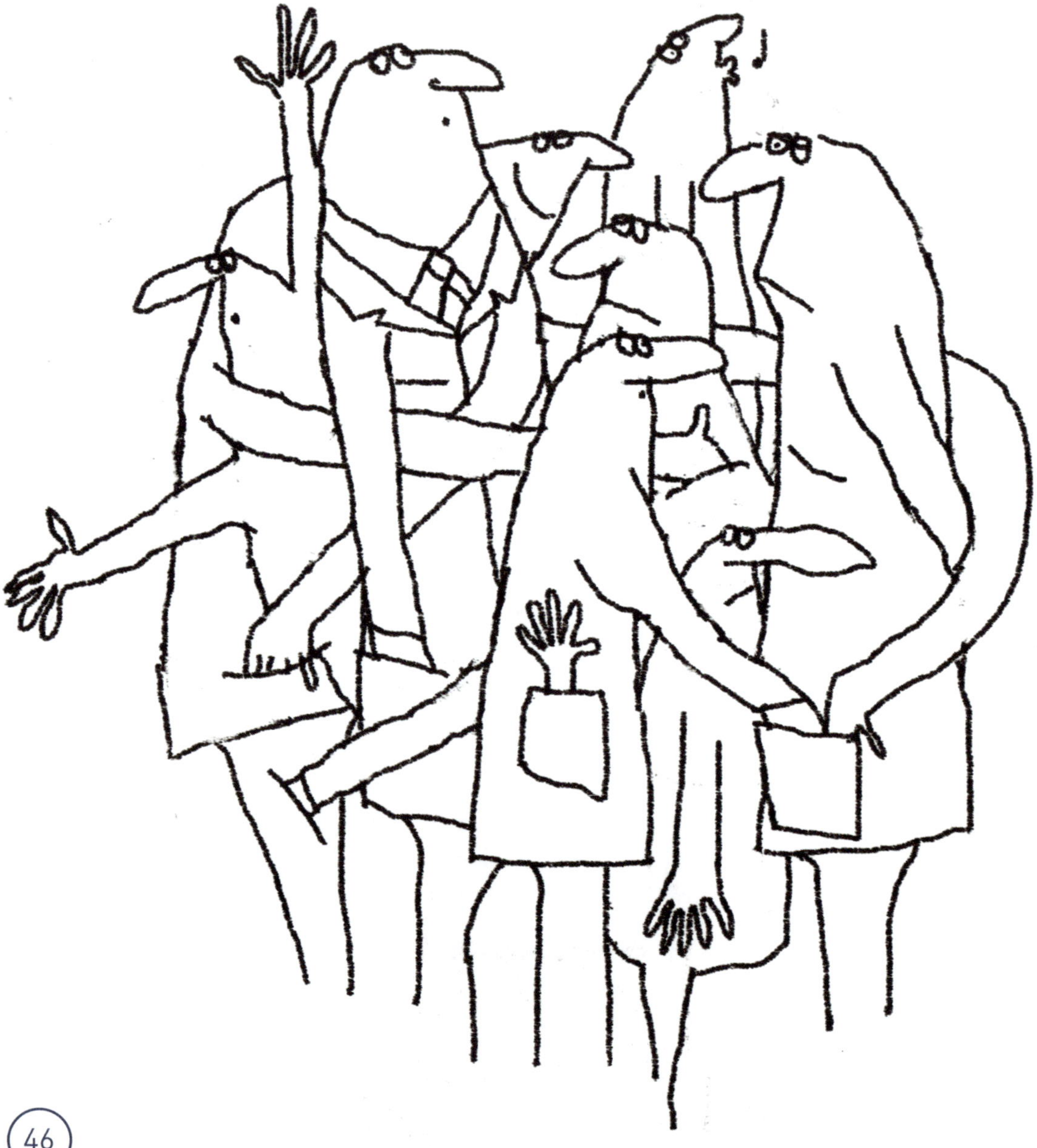

Aux frontières du réel

Après un usage régulier des transports en commun, la sensation d'anonymat vous gagne. Vous craignez de basculer entièrement vers une identité virtuelle ? Reliez les points et découvrez votre avatar. Pour le personnaliser, il n'y a plus qu'à coller votre photo (retouchée, cela va de soi) !

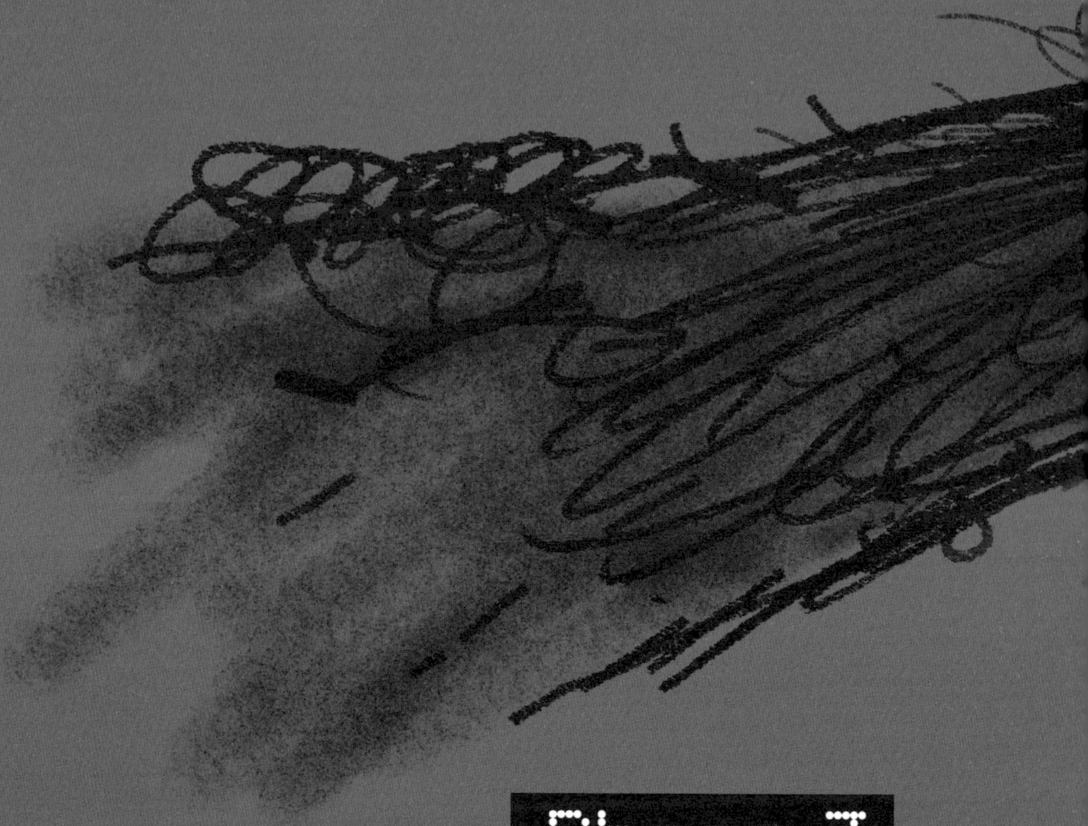

Phase 3

#l'enfer, c'est les autres

Ambiance :
Winter is coming...

L'avis du psy :
L'usager est dans une phase de confrontation et d'acceptation. Étape délicate qui témoigne néanmoins d'une prise de conscience dans son rapport au monde.

Distributeur automatique...
... de plaisirs

**Une envie de douceur ? Une baisse de tension ?
Vous avez un petit creux au cours de votre trajet, pensez à la pause gourmande*. Vous avez 4,80 € en poche.
Qu'est-ce que vous pouvez vous payer ?**

Caténaire gelé 1,00 €

Colis suspect 1,00 €

Régulation du trafic 2,00 €

Animal sur la voie 0,50 €

Panne électrique 1,00 €

Incident technique 1,50 €

Dégagement de fumée 1,10 €

Voyageur sur la voie 1,20 €

Incident voyageur 0,50 €

Aiguillage bloqué 1,00 €

Acte de malveillance 1,50 €

« Ce véhicule ne prend plus de voyageurs » 0,30 €

Embouteillages 2,00 €

Panne du véhicule 2,80 €

Manifestation de pigeons 2,00 €

Malaise chauffeur 2,00 €

Accident sur la voie 1,50 €

Livraison sur la voie 0,80 €

Éboueurs sur la voie 0,50 €

*« Pour votre santé, subissez au moins 5 emmerdements par jour. » Veillez à respecter le quota de la VAEJ recommandé par la CASPASLEK. La VAEJ (Veille à l'apport d'emmerdements journaliers) est un organisme indépendant créé pour contourner les pouvoirs publics qui veillent à une trop bonne qualité de vie et à revendiquer, au nom de tous, un droit à l'accès libre aux emmerdements quotidiens. Ses membres sont élus à bulletins secrets et renouvelés tous les 17 jours. La VAEJ étudie tous les secteurs stratégiques liés, de près ou de loin, à l'emmerdement journalier.

PASS PAS PARTOUT
PFFF
CREVAISON
S.O.S.
EMBOUTEILLAGE
PANNE D'ESSENCE
MAL AU COEUR
STOP TOUT
colis piégé
TOUT LEMONDE DESCEND
TERMINUS
BEURK
COLIS SUSPECT
INTER MINABLE
racket

↓ 5 Survivor : enquête exclusive

Notre envoyé spécial a testé pour vous : le stage L13. Réputé pour être l'un des plus durs au monde, il prépare les usagers à affronter des conditions extrêmes.

Durant les heures de formation en milieu souterrain, placés en situation réelle, les stagiaires sont formés **à l'immersion en milieu hostile.** L'apprentissage d'un savoir-faire spécifique leur permet d'apprendre à repousser leurs limites.

Au programme : défis individuels, corps à corps, navigation dans une foule compacte et agressive, techniques d'approche de l'autochtone, survie, course d'orientation... L'épreuve qui consiste à pénétrer dans un wagon impressionne de nombreux stagiaires. Certains doivent se faire violence pour oser se lancer.

Didier, 31 ans, est un ancien émotif anonyme. Des gouttes de sueur perlent sur son front. Cela fait maintenant 25 bonnes minutes qu'il est à l'affût, guettant l'arrivée d'un métro. La tension monte, car seuls quelques élus bien entraînés pourront se hisser dans la rame.

Didier a suivi trois fois le stage L13. Cette fois, il s'apprête à tenter « l'asperge », l'une des épreuves les plus difficiles. Une technique d'aguerrissement physique, mais aussi et surtout psychologique. **Respiration ventrale.** Il fixe le quai noir de monde. Il sait qu'il peut le faire.

Soudain, la bête de métal fait son apparition dans un rugissement infernal. Les portes s'ouvrent sur une rame pleine à craquer. Didier agit vite, faisant fi de la foule en furie, se laissant guider par son intuition aiguisée par l'expérience et l'endurance. **Sa technique est imparable :** accroupi, en position de canard, il progresse par le bas, bondit en « asperge » et atteint enfin la ligne de la victoire, derrière la porte. La sonnerie stridente retentit, Didier se relève, victorieux. Il a réussi et colle son nez contre la vitre crasseuse : il l'a bien mérité.

Nous avons recueilli des témoignages de l'équipe encadrante :

« Tout se joue à l'instinct. »

B. Lainé

« S'il y a bien une chose que j'ai apprise au cours de tous ces entraînements, c'est que nous sommes toujours meilleurs que ce que nous croyons. »

A. Schwarzenegger

« Nous travaillons le mental. J'ai déjà vu des gens pleurer dans le wagon juste parce qu'ils avaient réussi à y monter. »

M. Olivier

« Le fait d'avoir peur permet d'être plus prudent. Le jour où cette peur disparaît, il faut se dire, attention, il y a quelque chose qui ne va pas. »

C. Tranchant

« Je crois au moment. S'il n'y a pas le moment, à ce moment-là, il faut arriver à ce moment-là, au moment qu'on veut. »

J.-C. Van Damme

LE GRAND TEST

Quel usager êtes-vous ?

Dites-nous comment vous roulez, on vous dira qui vous êtes.

1. Choisissez votre animal-totem pour les transports :

- La cigogne : elle gère, la migration pendulaire, c'est son dada.
- Le renard : vous savez ruser et mordre, à l'occasion.
- Le marsupilami : si seulement il existait...
- L'escargot : vous avez du mal à sortir de votre coquille. Il ne faut pas vous brusquer.

2. Quel est votre lieu de vacances idéal ?

- Les grandes capitales : Lisbonne, Berlin, New York... Les transports en commun, c'est le meilleur moyen de découvrir vraiment une ville !
- La campagne : retraite et solitude avec le chant des oiseaux en fond sonore.
- La mer : sur un jet-ski, vous vous sentez le roi du monde.
- La montagne : canyoning, varappe, il vous faut des sensations fortes et des défis.

3. Si vous deviez vous retrouver coincé dans les transports pour quelques heures, quel compagnon de galère préfèreriez-vous ?

- Jamel Debbouze : au moins vous pourriez rigoler.
- NKM ou Emmanuel Macron : vous auriez deux mots à leur dire.
- Une boîte de Prozac : le seul qui pourrait vraiment vous calmer.
- Votre cousin qui vit dans les Landes : il serait super excité et flippé à la fois, ça vous ferait un souvenir à raconter en famille.

4. Vous ne prenez jamais les transports sans :

- Votre plan des transports.
- Votre carte d'abonnement.
- Votre smartphone et l'application « sophrologie pour les nuls ».
- Vos pieds.

5. Quel est l'adjectif qui vous décrit le mieux dans les transports ?

- Anxieux.
- Agressif.
- Déterminé.
- Tête en l'air.

6. Vous est-il déjà arrivé d'invoquer une panne de transport pour justifier un retard ?

- Jamais : ce ne serait pas crédible, car tout le monde sait que vous ne vous laissez jamais surprendre par les imprévus.
- À chaque fois que vous avez besoin d'une rallonge de sommeil le matin. Comme tout le monde, non?
- Une fois : mais vous n'aviez pas le choix.
- Ça vous arrive tellement souvent en vrai que plus personne ne vous croit. Maintenant, quand vous arrivez en retard au boulot, vous êtes obligé d'inventer quelque chose d'énorme pour éviter qu'on vous prenne pour un tire-au-flanc.

7. Comment vous occupez-vous dans les transports ?

- Vous lisez, jouez sur votre tablette ou regardez le dernier épisode de *Game of Thrones*.
- Vous pensez à la journée qui s'annonce en espérant pouvoir filer tôt du boulot pour éviter l'heure de pointe au retour.
- Vous passez votre temps à essuyer les gouttes qui coulent de votre front : le stress ça vous fait transpirer.
- Vous êtes aux aguets : pickpockets, place assise, mouvement de foule...

8. Parmi tous ces transports en commun, lequel préférez-vous ?

- Le tramway : c'est écolo !
- Le RER : avec lui, vous avez un peu l'impression de partir en week-end.
- Le bus : vous voyez le ciel !
- Le métro : le seul, le vrai, l'unique.

9. Si vous deviez choisir une musique pour illustrer l'arrivée de votre véhicule à sa station, vous passeriez :

- *Lose Yourself* d'Eminem. La pression qui monte, ça vous plaît.
- *La chevauchée des Walkyries* de Wagner. Vous êtes déjà sur le champ de bataille et vous comptez bien la remporter.
- *Ma Benz* de NTM. Juste pour le kif !
- *Ta fête* de Stromae. Parce qu'à chaque fois, vous vous demandez à quelle sauce vous allez vous faire bouffer.

10. Un pickpocket s'en prend à vous. Comment réagissez-vous ?

- Vous avez déjà anticipé et vous l'avez plaqué au sol : propre, net, efficace.
- Vous l'orientez vers le couple de touristes, les bras chargés de somptueux paquets.
- C'est le jeu. Il faut bien se faire dépouiller au moins une fois. Vous le voyez comme un rite initiatique.
- Vous le laissez faire, tétanisé, les yeux fermés. Et vous lui donnez votre montre, car il n'arrivera jamais à vous l'enlever sans un coup de main.

11. Pour vous, Serge, le petit lapin rose du métro parisien, c'est :

- Flippant. Vous avez vraiment l'impression qu'on vous prend pour un débile.
- Facile : « Attention ! Ne mets pas tes mains sur la porte, tu risques de te faire pincer très fort. »
- Qui ça ?
- Votre ami des transports : il vous rassure, vous lisez avec attention toutes les pancartes de sécurité. Vous aimeriez bien qu'il existe aussi en peluche pour le garder dans votre sac.

12. Si vous aviez droit à un super-pouvoir que vous pourriez utiliser dans les transports en commun, ce serait :

- Une force surhumaine : pour propulser au loin le prochain qui vous bouscule sans s'excuser.
- La télépathie : ça vous intrigue, vous, ce qui se passe dans la tête des gens. Et parfois, ça peut aider.
- Voyager dans le temps : ce serait fun de prendre un RER dans les années 70.
- Le don d'invisibilité : le meilleur moyen pour se fondre dans la masse.

13. Quel livre amèneriez-vous si vous deviez vous retrouver coincé dans une régulation de trafic interminable ?

- *La Princesse de Clèves* : oui, parfaitement, c'est politique !
- *Don Quichotte* : pour ne pas vous épuiser à combattre des moulins.
- *Sans nouvelles de Gurb* : les mésaventures d'un extraterrestre paumé sur Terre. Et vous le lirez à voix haute pour occuper vos compagnons d'infortune.
- *Cent ans de solitude* : c'est le premier titre qui vous vient à l'esprit.

14. Quelle est votre saison préférée pour prendre les transports en commun ?

- L'hiver : avec les usagers emmitouflés dans de gros manteaux, qui toussent, et les virus qui circulent, c'est là qu'il faut vraiment faire ses preuves !
- L'été : souvent c'est désert, calme et frais.
- La saison 2 de *Game of Thrones* !
- Aucune : ou alors celle où on vous a renouvelé votre ordonnance.

Résultats

Vous avez un maximum de :

Vous êtes un *warrior*. Vous êtes prêt à tout et jamais pris en défaut. Vous maîtrisez, mais vous en faites peut-être un peu trop. D'ailleurs, c'est même inquiétant, vous êtes sûr d'être vraiment humain ?

Vous avez un maximum de :

Vous êtes un caméléon, vous arrivez à composer et vous vous adaptez à tous les moyens de transport. Quelle que soit la situation, vous savez vous débrouiller.

Vous avez un maximum de :

Pour vous, transports en commun rime avec phobie. Vous angoissez avant, pendant et après. Soyez prudent, car votre seuil de tolérance est au plus bas. Vous risquez le malaise, vous vous mettez en danger. Pire, vous êtes un poids pour les autres. Mettez-vous plutôt à la marche à pied ou au covoiturage.

Vous avez un maximum de :

Vous êtes ailleurs. Transports en commun ou pas, vous restez le même : cool et détaché. La vie est trop courte pour que vous vous preniez la tête.

NOMS D'OISEAUX

Vous les connaissez si bien.
Retrouvez quelle ville a la chance d'héberger chacune de ces stations.

Monplaisir-Lumière	**Strasbourg**
HOMME DE FER	**Paris**
Touche Annette	**Lyon**
PICPUS	**Rennes**

Réponses : Monplaisir-Lumière à Lyon, Homme de Fer à Strasbourg, Touche Annette à Rennes, Picpus à Paris.

Partie de pêche à la ligne

Démêlez ces mots mêlés tant que votre cerveau n'est pas trop embrumé. Un peu de concentration et d'effort cérébral lors d'un trajet, ça fait du bien. Tels des gens dans un wagon, les mots sont encastrés à la verticale, à l'horizontale, mais aussi en diagonale et à l'envers.

PROMISCUITÉ
TROMÉ
TOURNIQUET
CONTRÔLEUR
RETARDS
STRAPONTIN
CORRESPONDANCE
RÉGULATION
ITINÉRAIRE
FRÉQUENCE

INCIVILITÉ
REGARDS
ACCORDÉONISTE
GRÈVE
SOUPIRS
TRAMWAY
SIESTE
LIRE
ENNUI
QUAI

TUNNEL
PICKPOCKET
DÉPLACEMENT
MOBILITÉ
RAT
CRASSE
TICKET
PANNE
AFFLUENCE
TRAJET

RAME
BANLIEUE
RÉSEAU
COLLISION
RENCONTRE
COULOIRS
BANCS
PLACE
HORAIRE

C	R	Q	M	O	B	I	L	I	T	E	L	E	N	N	U	T	Ç	I	M
L	S	N	G	R	E	V	E	F	U	A	E	S	E	R	B	A	N	C	S
E	Y	T	E	K	C	I	T	Y	A	O	J	Z	I	P	A	N	N	E	D
R	I	N	C	I	V	I	L	I	T	E	M	O	R	T	U	V	M	F	R
T	E	T	U	Ç	D	F	T	U	T	O	U	R	N	I	Q	U	E	T	A
N	E	E	I	D	R	N	O	I	S	I	L	L	O	C	E	Y	E	R	G
O	M	C	T	N	S	T	R	A	P	O	N	T	I	N	I	T	I	A	E
C	A	N	A	C	E	D	Z	S	V	S	X	T	B	A	S	R	F	M	R
N	R	A	D	C	Ç	R	J	U	O	C	A	F	C	E	P	U	E	W	E
E	N	D	E	I	O	E	A	U	Z	F	V	C	I	N	H	E	T	A	S
R	B	N	P	G	P	U	P	I	F	C	O	S	O	O	E	L	I	Y	S
X	S	O	L	N	B	I	L	L	R	R	P	I	R	C	J	O	U	R	A
T	D	P	A	X	R	K	U	O	D	E	T	A	A	W	R	R	C	F	R
A	R	S	C	S	D	E	B	E	I	A	I	L	D	Q	F	T	S	I	C
R	A	E	E	Ç	N	B	O	D	L	R	P	Ç	Ç	H	B	N	I	F	J
C	T	R	M	C	U	N	M	U	E	Q	S	P	Q	M	F	O	M	I	R
L	E	R	E	U	I	G	G	J	T	R	A	J	E	T	Y	C	O	U	Q
I	R	O	N	S	E	E	F	R	E	Q	U	E	N	C	E	L	R	N	U
R	Z	C	T	B	R	V	S	T	E	K	C	O	P	K	C	I	P	N	A
E	S	E	V	T	G	B	A	N	L	I	E	U	E	S	Z	O	X	E	I

↓ 6 Affreux, sales et méchants

Ils sévissent dans les recoins les plus sombres des pages de faits divers et parfois, de votre imagination. Parmi ces profils, certains ne sont que des légendes urbaines. Quel est, selon vous, leur réel niveau de dangerosité ?

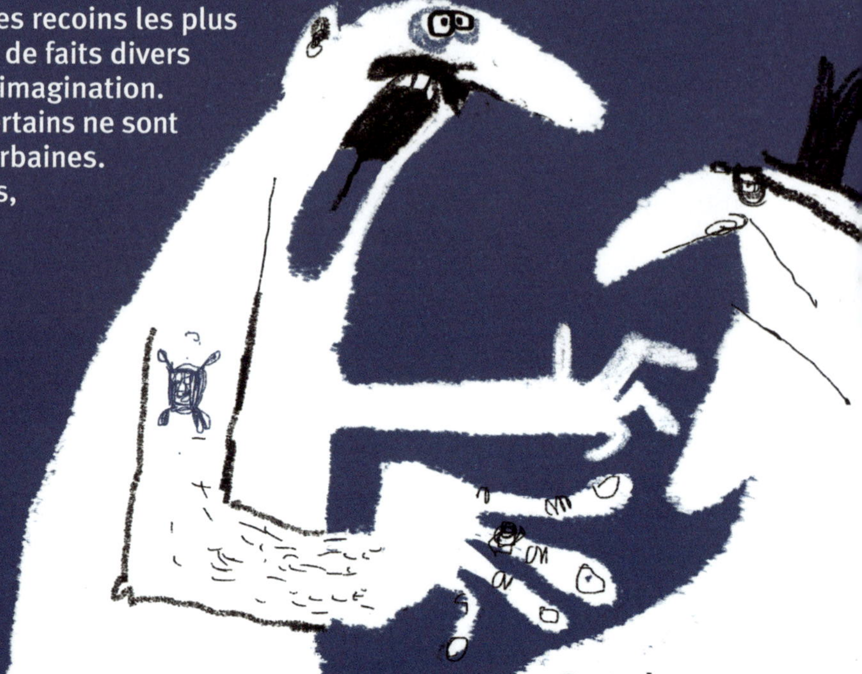

le fixeur

C'est son honneur qui est en jeu. Il vous fixe du regard et ne le détournera que lorsque vous aurez baissé les yeux.

Conseil d'ami : n'essayez pas de le défier ou alors, soyez bien préparé.

Danger :
- ☐ Même pas peur.
- ☐ N'en mène pas large.
- ☐ C'est l'angoisse.
- ☐ Vous tirez le signal d'alarme.

le pousseur

Tapi derrière les voyageurs peu attentifs, il surgit dès l'entrée d'un métro pour les pousser sur la voie.

Conseil d'ami : sur le quai, restez en arrière et jetez un œil autour de vous.

Danger :
- ☐ Même pas peur.
- ☐ N'en mène pas large.
- ☐ C'est l'angoisse.
- ☐ Vous tirez le signal d'alarme.

le frotteur

C'est un tactile. On ne vous fait pas un dessin : il aime palper, tripoter, effleurer, pincer...

Tocs : suce encore son pouce, a une prédilection pour les heures de pointe.

Danger :
- ☐ Même pas peur.
- ☐ N'en mène pas large.
- ☐ C'est l'angoisse.
- ☐ Vous tirez le signal d'alarme.

le susurreur

On l'appelle aussi l'« homme qui susurrait à l'oreille des usagers ». Il sort à la tombée de la nuit. Fréquente les bus et les tramways, où il peut s'allonger sur les sièges et se relever à l'improviste quand quelqu'un s'assoit devant lui.

Conseil d'ami :
restez calme..

Danger :
- ☐ Même pas peur.
- ☐ N'en mène pas large.
- ☐ C'est l'angoisse.
- ☐ Vous tirez le signal d'alarme.

le suiveur

Vous changez pour une correspondance, lui aussi. Il descend à la même station et marche à la même allure que vous. D'ailleurs, vous le retrouvez dans le bus. Soit vous êtes parano, soit vous avez affaire... à un suiveur.

Conseil d'ami :
arrêtez de vous croire dans un mauvais téléfilm, personne ne vous suit. Un bon suiveur se fait rarement repérer.

Danger :
- ☐ Même pas peur.
- ☐ N'en mène pas large.
- ☐ C'est l'angoisse.
- ☐ Vous tirez le signal d'alarme.

l'illuminé

Les yeux exorbités, le débit rapide (ou très lent, selon), un niveau sonore assez élevé, il est en *bad trip* et veut le faire partager. Peut vous surprendre par une série de gestes et de paroles incontrôlés.

Conseil d'ami :
si vous l'apercevez, gardez une distance de sécurité.

Danger :
- ☐ Même pas peur.
- ☐ N'en mène pas large.
- ☐ C'est l'angoisse.
- ☐ Vous tirez le signal d'alarme.

↓ 7 Sagesse populaire

**À chaque situation, sa citation.
Vous verrez : y penser peut vous aider dans les moments critiques.**

Quand quelqu'un vous bouscule sans s'excuser et en plus, vous engueule si vous osez vous manifester :

« Les cons ça ose tout, c'est même à ça qu'on les reconnaît. »
Les Tontons flingueurs

Si vous ne savez pas quoi faire et que vous êtes en panne d'idées pour votre roman inachevé depuis dix ans.

« Si vous voulez faire de la mise en scène, n'achetez pas d'auto. Prenez le métro, l'autobus, ou allez à pied. Observez de près les gens qui vous entourent. »
Fritz Lang

Quand vous n'en pouvez plus de voir tous ces gens avec le dernier Marc Lévy à la main. Dites-vous qu'au moins, ils lisent…

« Le temps de lire est toujours du temps volé. C'est sans doute la raison pour laquelle le métro se trouve être la plus grande bibliothèque du monde. »
Daniel Pennac

Si vous hésitez à faire preuve de courtoisie :

« On ne perd rien à être poli sauf sa place dans le métro. »
Tristan Bernard

« Celui qui est le maître de lui-même est plus grand que celui qui est le maître du monde. »
Bouddha

« La peur mène à la colère, la colère à la haine et la haine au côté obscur. »
Maître Yoda

Quand vous êtes sur le point de péter un plomb.

« Le métro est un endroit éminemment sartrien où, à huis clos, chaque voyageur devient la proie de tous les autres. »
François Mauriac

« Un intellectuel assis va moins loin qu'un con qui marche. »
Michel Audiard

Quand vous avez besoin de réfléchir.

« Eh oui ! Ça s'appelle un bus. C'est un moyen de transport. Et après t'en prendras un autre, avec des roues en fer et qui sera électrique, ça s'appelle un train. Et quand il va sous terre, ça s'appelle le métro. Et quand tu seras là, tu seras arrivé parce que c'est le meilleur endroit pour faire la manche, pauv' con ! »
Bernie

« Tu vois ceux qui s'arrêtent de marcher dans les escaliers mécaniques ? Ceux qui s'laissent porter par l'système ? C'est les mêmes qui votent Le Pen mais qui sont pas racistes. C'est les mêmes qui font les grèves pour protester dès qu'les escalators y tombent en panne. La pire des races ! »
La Haine

Quand trop, c'est trop.

Phase 4

#seul parmi tous

Ambiance :
Shutter Island

L'avis du psy :
Crises d'angoisse,
altération des perceptions
sensorielles, le patient
est en pleine dépression.
Il a besoin d'aide.

Labyrinthe City

Même le Minotaure en personne se perdrait dans le dédale des Halles. Vous avez rendez-vous, en queue de train, sur le quai du RER en direction d'Alphaville. Vous galérez un peu pour y arriver. Et vos amis vous y attendent depuis deux jours, sous les UV des néons, nourris aux Twix et aux Bueno. Ils font sûrement la manche pour se payer un café…

Dépêchez-vous de les rejoindre : tracez le chemin qui vous mènera à eux.

aidez-nous
à sortir

Thérapie de groupe

Ils ont les traits tirés, le teint blafard, le regard vide, la démarche mécanique. Cette longue cohorte silencieuse qui se faufile dans les couloirs souffre d'une dépendance aux transports.

Raturez toutes les substances qu'un UA (usager anonyme) doit garder à distance. Entourez toutes celles qu'il doit intégrer à son nouveau mode de vie.

Zazen dans le métro

La pratique de zazen ne vise pas à chercher quelque chose en particulier, mais seulement à s'asseoir. Si vous y arrivez, laissez-vous bercer. Regardez défiler votre ciel intérieur.

Dessinez des nuages en forme de bus, de trains, ou de wagons.

Donnez un nom de station à ces étoiles.

....

Recopiez ce mantra à l'infini :

« Le pouvoir de l'esprit me porte ailleurs, très loin, dans les souterrains de mes émotions. »

Tague ton transport

Parce qu'on a tous en nous un petit côté artiste. C'est le moment d'exploiter votre créativité et de créer votre propre mur d'inspiration.

ssa

↓ ❽ Actionnez le signal d'alarme

Votre trajet quotidien est devenu un parcours du combattant. Vous êtes à bout. Susceptibilité, sautes d'humeur, insomnies... La nuit, parfois, vous vous réveillez en panique : une voix venue d'ailleurs vous murmure que « Ce train ne prend plus de voyageurs ». C'est le moment de faire un check-up psychologique.

1. **Notez, sans réfléchir, à quoi vous font penser ces taches.**

2. **Entourez la station qui reflète le plus votre état d'esprit :**

Calmette	Clinique La-Sagesse	25 Fusillés
Horizons	Vilaine	Rue des Boulets
50 Otages	Pigeon blanc	Filles-du-Calvaire

3. **Cas pratique : vous êtes dans un couloir de métro, traînant une lourde valise. Quelqu'un s'approche de vous pour vous proposer de l'aide. Comment réagissez-vous ?**

- ☐ C'est qui ce malade !
- ☐ C'est quoi son problème ?
- ☐ C'est pour une caméra cachée ?
- ☐ Vous êtes ému aux larmes devant ce geste d'une rare humanité.

Réfléchissez.

---

4. **Parfois, quand vous racontez vos galères dans les transports, vous vous sentez totalement incompris. Quelle attitude vous exaspère le plus ?**

Les yeux au ciel : votre interlocuteur pense que vous en rajoutez.

Le rire : votre interlocuteur dédramatise tout.

L'incrédulité : votre interlocuteur ne prend jamais les transports.

La surenchère : votre interlocuteur vit pire que vous. Et ça, c'est impossible !

---

5. **Quelle phrase peut vous faire sortir de vos gonds ?**

- ☐ « Quand je prends le métro, j'ai l'impression d'être à la maison. »
- ☐ « Prendre le bus, ça me rappelle mon enfance, c'est ma petite madeleine de Proust. »
- ☐ « J'habite à 15 minutes de mon lieu de travail, j'y vais à pied. Parfois, je prends le bus. »
- ☐ « J'ai une heure de trajet, mais j'adore, comme ça je me cultive ! Je relis Balzac, c'est top ! »

Bilan, quoi qu'il en soit

Pas besoin d'être un expert pour comprendre la situation : vous êtes atteint de la névrose des transports. Un mal commun à toute une partie de la population. Conseil malin : descendez tranquillement et finissez votre trajet à pied. Vous prendrez l'air et ça vous remettra les idées en place. Jusqu'à demain...

Jusqu'ici tout NE va PAS bien...

« C'est toujours le métro d'en face qui arrive le premier. »

EDWARD A. MURPHY JR.

La loi de l'emmerdement maximum trouve un écho quotidien dans les transports. Malgré toute votre bonne volonté, vous devez vous rendre à l'évidence, le pire est toujours à venir.

Il suffit que :

- vous quittiez un véhicule immobilisé depuis 10 minutes pour qu'il reparte.
- vous décidiez de changer exceptionnellement de trajet pour découvrir que la station où vous comptiez prendre votre correspondance est fermée pour cause de travaux.
- vous n'ayez pas de ticket pour qu'un contrôleur vous tombe dessus.
- vous allumiez une cigarette pour que le tram arrive.
- vous voyiez une place assise se libérer pour que quelqu'un entre avec des béquilles.
-
-
-
-
-
-
-
-

Allongez cette liste avec votre propre retour d'expérience de la fameuse loi de Murphy.

Ça va mieux en l'écrivant

Un coup de pouce, c'est toujours utile. Même si on ne connaît pas le préfet, on vous aide. Voici une lettre, dont vous pouvez télécharger une copie sur notre site milanetdemi.com, à envoyer pour contester l'amende qu'on vous a méchamment collée.

Références du PV : ....

Le .../.../..., à ....

Objet : Contestation ferme mais néanmoins respectueuse

Madame, Monsieur,

Je conteste le procès-verbal qui m'a été délivré par l'un de vos agents le .../.../... à ... h ..., à la suite d'un malheureux contrôle de ticket sur la ligne ... à la station .... Soumis à la terrible loi de Murphy qui régule le quotidien des transports en commun, je n'avais malencontreusement pas pu composter mon ticket. Voici le récit de ma mésaventure :

7 h 47 : Je me dirige vers les bornes automatiques et constate qu'elles sont toutes hors service.

7 h 49 : Étonné devant cette défaillance technique ô combien inhabituelle, je me tourne vers le guichet où une longue file d'attente s'est formée.

8 h 25 : Il ne reste plus que trois personnes devant moi pour accéder au guichet.

8 h 37 : Les trois personnes tapent contre la vitre du guichet et partent en criant. Incompréhension devant tant d'incivilité.

8 h 38 : Devant le guichet, une pancarte précise : « Parti pour ne jamais revenir ». À mon tour, je tape contre la vitre et pars en criant.

8 h 42 : J'essaie d'acheter un ticket à un autre usager.

8 h 56 : Un homme m'attire dans un coin et ouvre son imperméable. Il me propose un tas de petites choses. Je ne veux qu'un ticket.

8 h 58 : L'homme accepte de m'en vendre un pour 20 €. Je n'ai qu'un billet de 10 dans ma poche et il n'accepte pas la CB.

9 h 02 : Prostré devant les tourniquets, je regarde jalousement tous ces gens franchir la barrière des tourniquets. J'ai la tête qui tourne.

9 h 05 : Deux ados viennent d'exécuter un saut gracieux au-dessus des tourniquets. Ils ont dû subir les mêmes déboires que moi et ne pas réussir à acheter un ticket.

9 h 06 : Déterminé, je m'élance pour sauter la barrière du tourniquet.

9 h 07 : Je saigne du nez et je me suis foulé la cheville. Et je suis toujours du mauvais côté de la barrière.

9 h 10 : Un message d'information de la société de transports résonne. Je suis malentendant, mais crois entendre le mot « grève ».

9 h 11 : Quelqu'un me prend la main et me mène vers les tourniquets. Inquiet, je m'approche en boitant. Ils s'ouvrent tout seuls. Je franchis la ligne. Des contrôleurs sont là qui guettent à l'angle du couloir.

Voilà comment je me suis vu obligé de frauder à l'insu de mon plein gré et me vois donc, par conséquent, contraint de refuser de régler le présent PV que j'estime, et vous le comprendrez aisément au vu des arguments précédents, non justifié.

Je vous prie de croire, Madame, Monsieur, à l'assurance de mes salutations distinguées.

prénom, nom, signature

↓ 9 Les semaines passent...

Dans un souci de totale objectivité, notez, détaillez et comptabilisez, sur ce carnet de bord, chaque minute passée dans les transports cette semaine.

Temps	Lundi	Mardi	Mercredi
Attente			
Marche pour attraper une correspondance			
Temps passé à râler			
Temps passé à regarder votre plan			
Temps passé à errer, car vous vous êtes perdu			
Durée de la course pour attraper votre transport			
Durée totale du temps passé dans les transports, de porte à porte			
Heures perdues			
Retard dont votre transport est responsable			
Retard dont vous êtes le seul responsable			

et vous aussi

Jeudi	Vendredi	Samedi	Dimanche

Invitation au voyage

Vous n'êtes pas certain de pouvoir garder votre sang-froid plus longtemps… Vous avez besoin d'air. Et pourtant, autour de vous, l'ambiance est à la fête ! Regardez, écoutez ! Décryptez ces messages ensoleillés, qui vous aideront, c'est sûr, à vous échapper et à fuir la morne réalité du quotidien.

 PARA  BAILAR  LA  BAMBA  CARAMBA

Délestez votre porte-monnaie ici :

CHOPS

Phase 5

#Fight Club

Votre mantra :
« Félicitations, tu vas bientôt toucher le fond, c'est bien. »

L'avis du psy :
Crises de panique, hystérie, paranoïa, perte de contrôle identitaire… l'usager est un danger potentiel, autant pour lui-même que pour les autres. Il passe sous la responsabilité du GIGN.

Vos 7 péchés capitaux

Il est temps pour vous de prendre la mesure de la situation et d'assumer vos vices.

orgueil

Le premier à rentrer, tu seras.

avarice

Ta place, jamais tu ne céderas.

Envie

La canne du petit vieux, tu casseras.

colère

Ta rage, tu crieras.

luxure

La barre, tu lécheras.

Gourmandise

Les fesses de tes voisins, tu palperas.

Paresse

Dans les couloirs, à petits pas tu traîneras.

Signez la pétition

Retards, régulations qui prennent des plombes, grèves, pannes... Trop, c'est trop ! Il est temps de passer à l'action. Complétez et signez cette pétition. Puis recueillez le maximum de signatures sur cette page. Après, envoyez-la à votre société de transports préférée...

Nous, usagers des transports
en commun de la ville de ....
tenons à faire entendre notre colère.
Le réseau de ....
s'est particulièrement dégradé ces dernières années.
L'infrastructure des lignes ....
n'est plus adaptée à la circulation actuelle
et à la densification de la ville.
Nous déplorons également des temps de transport
plus longs provoquant des retards au travail.
Les trajets sur la ligne...................................sont insupportables :
compartiments bondés, saleté, temps d'attente excessifs,
incidents techniques à répétition, j'en passe et des meilleurs...
Par ailleurs, les horaires de la ligne..
ne sont pas adaptés à nos déplacements quotidiens.
Nous constatons également une réduction des passages
sur certaines lignes et des stations aux arrêts souvent très longs.
Le constat est sans appel. Et il est intolérable.
Nous ne subirons pas plus longtemps votre incapacité
à assumer vos responsabilités. Transportez-nous !
Nous comptons faire circuler cette pétition!
Signatures (nombreuses) :

PS : Nous irons loin (pas grâce à vous...).

beurk
3KM en métro
ça use ça use...
3KM en métro
ça use le
ciboulot !!!
TOUS
en 4X4
STOP STOP STOP STOP
À PIED
Y'EN A MARRE
Trop Trop Trop
le métro
c'est trop
RIEN
EN
COMMUN
Tous
en
roller
vive le segway
FAITES
du
STOP

Toi Tarzan...

Libérez l'animal qui est en vous. Dans cette jungle urbaine, c'est la loi du plus fort qui prime. Reliez les points et découvrez par qui vous êtes cerné.

↓ ⑩ Kâma-Sûtra des transports

Chaleur, promiscuité, regards troublants. Dans la foule alanguie, parfois la situation dérape et, sans même vous en rendre compte (vraiment ?), vous devenez expert pour trouver la position adaptée aux besoins du moment.

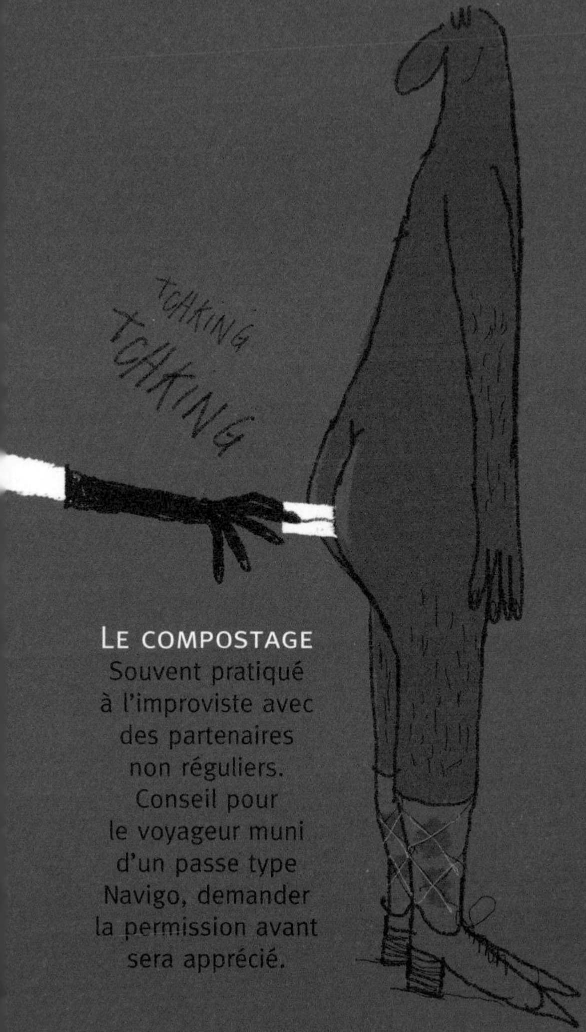

Le compostage
Souvent pratiqué à l'improviste avec des partenaires non réguliers. Conseil pour le voyageur muni d'un passe type Navigo, demander la permission avant sera apprécié.

Le sexaclier divin
Il vous faut un escalator en bon état de marche. Après, tout se joue dans l'angle, l'orientation.

Bascule avec moi

Mettre à profit
les secousses
naturelles peut donner
du piquant.
Souplesse et bonne
condition physique
sont nécessaires.

La barre japonaise

Lieux : le métro ou le tramway.
Accessoire : la barre centrale.
Assez simple à mettre en pratique.

Ouverture des portes

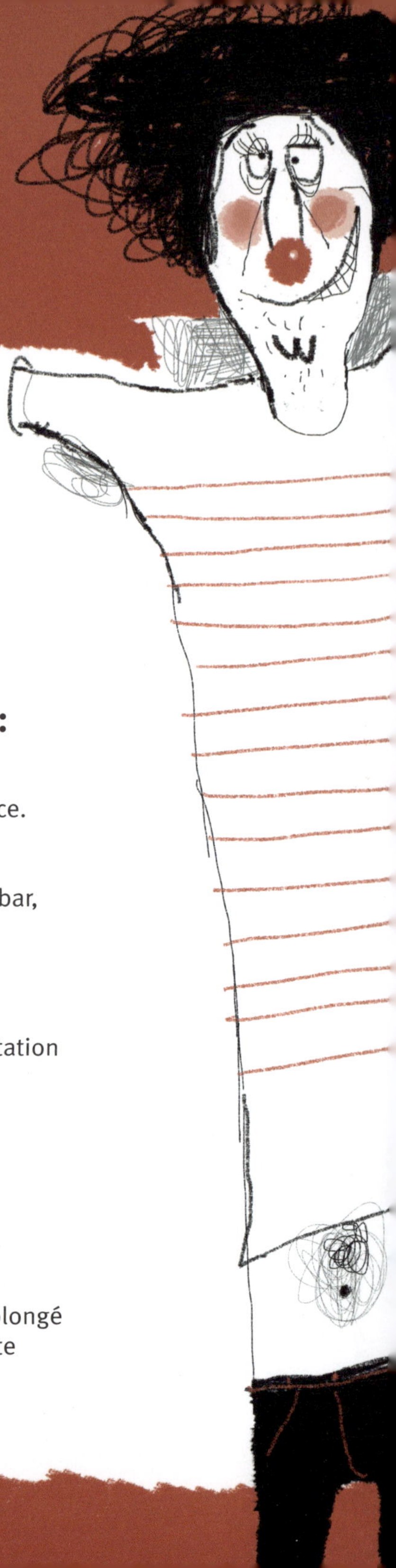

Ça y est, vous avez basculé de l'autre côté de la force. Vous n'avez désormais plus peur de rien. Au contraire, vous rêvez d'action et de défis. Laissez libre cours à vos pulsions et foncez ! Voici quelques idées pour égayer vos trajets. Chaque mission accomplie vous rapporte des points, en proportion du degré de craquage. Le but étant évidemment d'en gagner le maximum dans une journée !

Niveau usager toqué :

valeur = 2 points à chaque action.

- Grattez-vous partout avec insistance.
- Sursautez à chaque bruit.
- Demandez où se trouve le wagon-bar, ou la première classe.
- Fixez les gens autour de vous avec un sourire béat.
- Criez plusieurs fois le nom de la station à chaque arrêt.
- Reniflez les gens qui s'approchent de vous.
- Empêchez les gens de sortir (trouvez des raisons).
- Faites le ménage, lavez les vitres.
- Mettez-vous à côté de quelqu'un plongé dans sa lecture et lisez à voix haute par-dessus son épaule.

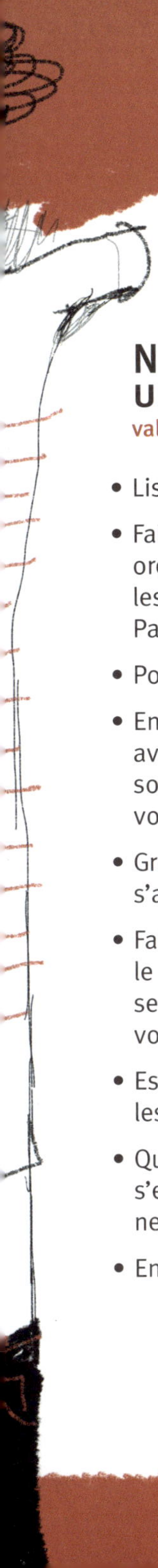

NIVEAU USAGER FRAPPÉ :

valeur = 4 points à chaque action.

- Lisez toutes les pubs à voix haute.
- Faites semblant d'avoir une oreillette et d'être en liaison avec les services de renseignements. Parlez par codes.
- Portez un masque et un tuba.
- Entrez en courant dans une rame avec un air affolé et cachez-vous sous un siège comme si vous étiez poursuivi.
- Grognez dès que quelqu'un s'approche de vous.
- Faites semblant de vous coincer le bras entre les portes quand elles se referment. Puis allez vous asseoir, l'air de rien.
- Essayez tous les sièges libres, les uns après les autres.
- Quand la personne à côté de vous s'en va, dites-lui que vous ne l'oublierez jamais.
- Entamez une séance de tai-chi.

NIVEAU USAGER EXCITÉ :

valeur = 8 points à chaque action.

- Exécutez une *pole dance* autour d'une barre.
- Faites-vous passer pour un contrôleur en civil et vérifiez les titres de transport.
- Dans un couloir bondé, accrochez-vous à votre voisin, beuglez en chantant : « Accroche tes mains à ma taille, pour pas que la chenille déraille... »
- Intervenez dans les conversations en donnant votre avis.
- Motivez vos potes pour un aller-retour Paris-Lille en Vélib'.

Cumulez vos points hebdomadaires ici :

____

↓ 11 Paranormal Activity

Phénomènes inexpliqués, apparitions étranges, des légendes urbaines circulent depuis toujours sur l'existence d'une vie parallèle dans les galeries souterraines. Le métro de Londres, construit sur d'anciennes fosses communes, est même devenu l'un des lieux incontournables d'un circuit touristique pour amateurs de sensations fortes.

Un seul problème, à trop hanter les entrailles du métro, les apparitions se sont égarées et elles ne retrouvent plus leur chemin. Votre mission, si vous l'acceptez, est de relier le bon fantôme à sa station. On vous donne des indices.

Vous auriez pas du feu ?
Queensway Station, Central Line

T'as perdu ta maman ?
Farringdon Underground Station

Attention, les gars, vous allez choper des mycoses.
Jubilee Line

Sir Winston Churchill. De nombreux témoins l'ont aperçu et disent avoir senti la fumée de son cigare légendaire. Churchill a habité près de cette station.

Le fantôme d'Anne Naylor. Cette jeune fille de 13 ans a été assassinée sur ce site en 1758. On l'appelle « le Spectre Hurlant ».

La « nonne noire », comme l'ont surnommée les usagers du métro londonien, errerait sur les quais, en pleurs, silencieuse et digne.

Eh mec, les places assises sont réservées aux mutilés de guerre, aux personnes handicapées, invalides, titulaires de la carte « Station debout pénible », aux femmes enceintes ou accompagnées d'enfants en bas âge et aux personnes âgées. Donc tu te lèves...

Bakerloo Line

« Mind the gap », ça vient de vous ?

Ickenham Station

Vous voulez un mouchoir ?

Bank Station, Central Line

LA « DAME À L'ÉCHARPE ROUGE » erre à proximité de l'endroit où elle est tombée sur les rails et a été électrocutée.

CES MOINES FANTÔMES qui marchent pieds nus ont été vus à plusieurs reprises sur cette ligne.

L'« HOMME À LA CHAISE ÉLECTRIQUE » est devenu une légende grâce à la photographie la plus célèbre des fantômes londoniens, prise en 1983 par Karen Collett qui voyageait en famille sur cette ligne de métro. Sur l'image apparaît la silhouette d'un homme attaché sur une chaise électrique.

Réponses :
- Queensway Station, Central Line : Sir Winston Churchill.
- Farringdon Underground Station : Anne Naylor.
- Bank Station, Central Line : la nonne noire.
- Bakerloo Line : l'homme à la chaise électrique.
- Jubilee Line : les moines fantômes.
- Ickenham Station : la dame à l'écharpe rouge.

Last exit to zombiland

Il est trop tard. Le processus a commencé, vous êtes en train de muter. Repérez les signes avant-coureurs de la « zombification » de ces passagers. Puis acceptez votre destin et rejoignez la marche des Walking Dead : poussez un long râle de mort-vivant et observez les réactions de votre entourage. Bavez, si vous pouvez..

RMINUS

RIP

(votre nom)

• •

mise en pages : Bénédicte Lainé
relecture : Isabelle Pradier

ISBN : 978-2-7459-7766-3 – Dépôt légal : 2e trimestre 2016 – Imprimé en Slovénie.

milanetdemi.com